PROYECTO SABER HACER

W0206980

CUADERNO

Lengua Castellana

Tercer trimestre

PRIMARIA 5

El cuaderno Lengua Castellana 5, para quinto curso de Primaria, es una obra colectiva concebida, diseñada y creada en el Departamento de Ediciones Educativas de Santillana Educación, S. L., dirigido por **Antonio Brandi Fernández**.

En su elaboración ha participado el siguiente equipo:

Rosario Calderón Soto
Mónica Mendoza Abad

ILUSTRACIÓN
Javier Lacasta Llácer

EDICIÓN
Mónica Mendoza Abad

DIRECCIÓN DEL PROYECTO
Leonor Romo Fernández

DIRECCIÓN Y COORDINACIÓN EDITORIAL DE PRIMARIA
Maite López-Sáez Rodríguez-Piñero

SANTILLANA

Índice

Unidad 11

Unidad 12

Unidad 13

Unidad 14

Unidad 15

11 Comprendo un cuento

El vino para la fiesta

Había una vez un territorio de fértiles viñedos gobernado por un señor comprensivo y amable, pero un poco tacaño.

Un día, con motivo del final de la vendimia, el señor decidió celebrar una fiesta. Intentando parecer generoso, invitó a todos los campesinos de sus tierras. Pero como no quería gastar demasiado, pidió que cada invitado acudiera con una jarra de vino.

Todo el mundo estaba encantado con la fiesta. Pero había un pobre campesino muy preocupado: su cosecha no había sido buena y en su humilde bodega ya no quedaba nada de vino. ¡Como no llevara agua!

El día señalado, el señor colocó un gran tonel a la entrada para que cuando llegaran los invitados, cada uno vertiera su jarra en el recipiente. Al llegar su turno, el pobre campesino echó el agua que llevaba, procurando que nadie lo viera:

–Una jarra de agua no se notará en una cuba tan grande de vino –se dijo aliviado.

Cuando todos estuvieron sentados, los sirvientes llenaron las copas de los comensales. El señor alzó su copa; lo mismo hicieron los invitados. Después, todos bebieron. Al instante, un murmullo de sorpresa recorrió la sala.

–¡Es agua! –exclamó el señor levantándose.

En medio del silencio todos miraron al anfitrión. Al principio, su rostro estaba del color del vino tinto. Luego, fue cambiando el gesto y, al final, estalló en una sonora carcajada. Comprendió lo que había pasado: nadie había querido gastar su vino y todos habían llevado agua en su lugar.

Al señor le hizo tanta gracia lo ocurrido que decidió continuar la fiesta y mandó sacar el vino de su bodega. Desde entonces aprendió a ser un poco más generoso.

1 **Copia dos veces la oración sustituyendo la palabra destacada por un sinónimo.**

El señor de los viñedos era un poco **tacaño**.

- intransigente
- mezquino
- grosero
- roñoso

2 Inventa y completa el contenido de la invitación para la fiesta.

Invitación

El señor de los viñedos celebrará una fiesta

3 Contesta.

- ¿Por qué echó agua el campesino pobre en la cuba?
- ¿Por qué echaron agua el resto de los comensales?

4 Explica lo que pensaría el señor en cada momento.

5 Imagina y escribe otro final para el cuento.

El verbo. Número, persona, tiempo y modo

1 **Copia las oraciones cambiando el número de las formas verbales.**

Ten en cuenta que deberás cambiar además otras palabras.

- Yo me divertí mucho en la fiesta.

  ____

- El concierto empezará esta tarde.

  ____

- Mi hermano participa en un taller de percusión.

  ____

2 **Clasifica las formas verbales de las oraciones según la persona que expresan.**

- Todos circulaban a gran velocidad.
- Nos vamos juntas en el autobús.
- ¡Has batido un nuevo récord!
- ¿Te inscribiste en la lista de invitados?
- El año pasado participó en el concurso.
- Yo ya había oído la noticia.

Primera persona	Segunda persona	Tercera persona
______	______	______
______	______	______

3 **Copia las formas verbales no personales.**

- correr
- nadó
- saltáis
- juega
- vencido
- lanzar
- empatado
- perdieron
- ganando

____

4 **Completa con una forma no personal de estos verbos:**

recorrer
terminar
construir
contar

- Si has ______ los deberes, puedes salir a jugar.
- Vamos a ______ el sendero en bicicleta.
- Los albañiles están ______ una fuente en la plaza.
- Luis no ha ______ bien ese chiste.

5 **Copia poniendo la forma verbal en el tiempo que se indica.**

Paula visita los monumentos de la ciudad.

Pasado ▶ ____________________

Te dejaré las llaves sobre la mesa.

Presente ▶ ____________________

Miguel lleva una maleta para el viaje.

Futuro ▶ ____________________

6 **Escribe el modo que expresan las formas verbales de estas oraciones:**

Enrique me acompañó a la enfermería. ▶ ____________________

Sacad los libros de la mochila. ▶ ____________________

No piséis el césped del parque. ▶ ____________________

Espero que se recupere pronto. ▶ ____________________

7 **Escribe una oración relacionada con cada dibujo utilizando una forma verbal en el modo que se indica.**

Modo subjuntivo | Modo indicativo | Modo imperativo

1

2

3

1 ¡Ojalá ____________________

2 ____________________

3 ____________________

Palabras con *z* o *d* final

1 **Copia las palabras del texto que se indican.**

Una firme vocación

Desde pequeño Darío sabía qué actividad iba a realizar en la vida. Él quería ser payaso. En sus primeros años como aprendiz pasó alguna dificultad, pero pronto se convirtió en el mejor artista de su ciudad.

Los años han pasado desde entonces, pero la verdad es que Darío sigue sintiendo la misma emoción de aquella primera vez que se puso un disfraz de colores y una abombada nariz roja con la que ha divertido a tantos niños.

Palabras con *d* final ▶ ____________________

Palabras con *z* final ▶ ____________________

2 **Escribe el plural de las palabras anteriores.**

____

____

3 **Escribe el singular de las siguientes palabras:**

redes ▶ __________

perdices ▶ __________

virtudes ▶ __________

nueces ▶ __________

libertades ▶ __________

cicatrices ▶ __________

propiedades ▶ __________

voces ▶ __________

4 **Completa estas palabras con *d* o *z* y escríbelas en las oraciones que correspondan.**

tapi✦ pare✦ alborno✦ huéspe✦

- En el museo se expone un valioso __________ antiguo.
- El __________ se alojará en la habitación del tercer piso.
- Coge el __________ limpio que hay dentro de este armario.
- La __________ de aquel edificio está a punto de caerse.

5 **Escribe palabras que terminen en *d* a partir de las siguientes:**

oscuro ▶ ______________________
igual ▶ ______________________
amable ▶ ______________________
ingenuo ▶ ______________________
solo ▶ ______________________
fácil ▶ ______________________
original ▶ ______________________
eléctrico ▶ ______________________
seco ▶ ______________________
grave ▶ ______________________

6 **Forma palabras terminadas en *z* a partir de las siguientes y completa las oraciones.**

pálido | honrado | ácido | sencillo | rápido

- La comida le ocasionó ________________ de estómago.
- Esa muchacha tenía una extraña ________________ en el rostro.
- Entendí cómo funcionaba la máquina gracias a la ________________ de su explicación.
- La ________________ del motociclista en la pista impresionó a todo el público.
- La ________________ es la virtud más importante para mí.

7 **Completa estas palabras con *d* o *z*:**

velo___ ▶ velocida___
capa___ ▶ capacida___
fero___ ▶ ferocida___
vera___ ▶ veracida___
tena___ ▶ tenacida___
saga___ ▶ sagacida___

8 **Escribe oraciones con sus nombres.**

Ten en cuenta que todos terminan en *z*.

____

____

____

ESCRIBIR UN ITINERARIO

1 **Observa el siguiente mapa y explica el itinerario que debes seguir en cada caso.**

- Para ir desde el mercado a la estación:

___

___

___

- Para ir desde el colegio al hospital:

___

___

___

2 **Explica con la información del mapa anterior dónde está exactamente el ayuntamiento y qué lugares o edificios hay cerca de él.**

___

___

___

___

___

___

3 Explica el significado de la siguiente señal:

4 Observa y explica cómo se llega a esta tienda.

Inventa los datos que no conozcas.

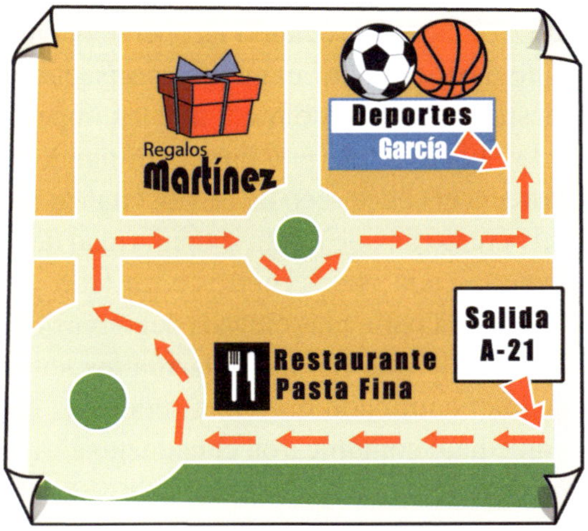

5 Explica cómo se va desde tu casa a uno de estos lugares:

una papelería | una panadería | una farmacia | una perfumería

6 Explica cómo se llega a tu clase desde la puerta de tu colegio.

Comprendo una noticia

Lunes, 15 de abril de 2015. El Notición

Encontradas las mayores huellas de animales prehistóricos

Dos senderistas descubrieron accidentalmente las enormes pisadas

Luis Pisonero. Aldea del Rastillo
El pasado domingo dos asiduos senderistas hallaron lo que parecen ser las huellas más grandes de dinosaurios descubiertas hasta el momento en nuestro país.

Martiniano Rodríguez y Aurelio González se encontraban paseando por los alrededores del bosque de El Piñoncillo cuando inesperadamente tuvieron que desviarse del camino a consecuencia de un desprendimiento de rocas que les impedía el paso. Llevaban más de una hora caminando por lo que parecía el cauce seco de un río, cuando uno de ellos se percató de que cierta irregularidad del terreno se repetía cada pocos metros a un lado y a otro. Al llegar a la parte más elevada del recorrido se dieron cuenta de que las irregularidades sobre las que habían caminado eran unas enormes huellas. De inmediato comunicaron el hallazgo al Ayuntamiento de la localidad donde ambos residen.

Los técnicos forestales del Ayuntamiento, tras comprobar la información recibida, trasladaron la comunicación al Centro Nacional de Investigación Paleontológica.

Varios paleontólogos se desplazaron al lugar para realizar una investigación sobre el terreno.

Según los primeros datos recabados por los investigadores y científicos, las enormes huellas se han conservado gracias a una espesa capa de vegetación que debió cubrir la zona y que ha ido quedando al descubierto a consecuencia de la deforestación producida por un incendio ocurrido hace unos años y las posteriores riadas.

Parece que las huellas pueden pertenecer a un tipo de dinosaurio todavía no identificado, pero, sin duda, se trata de un ejemplar de gran fuerza y tamaño.

Los investigadores rastrearán cuidadosamente el terreno y realizarán excavaciones por los alrededores en busca de más huellas en una zona que, según los primeros datos, es de un interés excepcional para la paleontología.

1 ¿Qué es la paleontología? Copia la definición correcta.

- Enfermedad que produjo la desaparición de algunos seres vivos.
- Ciencia que estudia los seres vivos del pasado a partir de sus restos fósiles.
- Ciencia que estudia las rocas y el relieve de la Tierra.

____

____

2 **Copia del texto dos palabras de la misma familia que *paleontología*.**

3 **Contesta.**

- ¿Qué pensaron al principio que eran las huellas?
- ¿Cuándo las reconocieron?
- ¿Qué hicieron después?

4 **¿Quiénes acudieron primero al lugar del hallazgo? ¿Quiénes acudieron después?**

5 **Explica.**

- ¿Por qué se han conservado esas huellas tanto tiempo?
- ¿Por qué han quedado al descubierto?

6 **Imagina y describe cómo serían los animales a los que pertenecían las huellas.**

Los tiempos verbales

1 **Clasifica las formas verbales que hay en las oraciones.**

- Mar comprará magdalenas y bizcochos.
- Ayer se me perdió el carné en el metro.
- Se han vendido todos los billetes de lotería.
- Yo tomo una pieza de fruta todos los días.
- Daniel y tú salisteis tarde del gimnasio.
- Ese día me había levantado tarde.
- Ella ha ido a clase.
- Oímos un ruido extraño en la calle.

Formas simples ▶ ______________________

Formas compuestas ▶ ______________________

2 **Clasifica las formas verbales según el tiempo que expresan.**

- quiero
- alcanzará
- caminarás
- hube visto
- venció
- habré sido
- aconsejaba
- juegues
- comerán
- ha dicho
- aprendemos
- cuente

Formas de pretérito	Formas de presente	Formas de futuro

3 **Copia estas oraciones sustituyendo las formas verbales simples por otras compuestas.**

- Ana esperaba su regreso.

____

- Yo paseo a mi perro.

____

- Ojalá se levanten ya.

____

- Ellos se irán luego.

____

4 **Copia las formas verbales que pertenecen a tiempos perfectos.**

- ha gustado
- bailaré
- columpiaron
- habréis terminado
- disfrazó
- hubo llegado
- celebraría
- comía
- hubiera hecho
- haya leído
- disfrutaba
- habían reclamado

____

____

5 **Escribe oraciones con formas verbales de tiempos imperfectos.**

____

____

____

6 **Escribe a qué tiempo pertenecen las formas verbales de estas oraciones:**

Úrsula tiene una tortuga. ▶ ______________________

Él hablaba mucho de pequeño. ▶ ______________________

Ojalá que el tren llegue pronto. ▶ ______________________

Ellos habían entrado antes. ▶ ______________________

7 **Escribe una forma de cada verbo que pertenezca al tiempo verbal que se indica.**

	vivir	enviar
Futuro simple de indicativo ▶	____________	____________
Pretérito perfecto simple ▶	____________	____________
Condicional simple ▶	____________	____________

Palabras con *h* intercalada

1 **Observa y completa las oraciones con estas palabras con *h* intercalada:**

- El menú incluye un aperitivo de ____________________, aceitunas y refrescos.
- Mi tío tiene un huerto donde cosecha lechugas, patatas y ____________________
- Susana siempre lleva su ____________________ para descansar durante el viaje.

2 **¿A partir de qué palabras se han formado las siguientes? Copia donde corresponda.**

- deshora
- ahumado
- ahumar
- adhesivo
- adherente
- horario

hora	humo	adherir
▼	▼	▼
____________________	____________________	____________________
____________________	____________________	____________________

3 **Completa las oraciones con estas palabras.**

Modifica el número de las palabras si es necesario.

deshecho | aldehuela | rehacer | vihuela

- Allí se fabrican de manera artesanal ____________________ y zambombas.
- El jersey se ha ____________________ por completo al tirar de un hilo.
- Visitamos una ____________________ situada en la falda de una montaña.
- A causa de un fallo mecánico tuvimos que ____________________ todo el trabajo.

4 **Explica por qué *deshecho* y *aldehuela* se escriben con *h* intercalada.**

____

____

____

____

5 **Completa con *h* y copia cada palabra.**

de✦esa ▶ ____________________
bo✦emio ▶ ____________________
des✦ielo ▶ ____________________
in✦óspito ▶ ____________________
mo✦o ▶ ____________________
ba✦ía ▶ ____________________
pre✦istoria ▶ ____________________
ve✦ículo ▶ ____________________

6 **Escribe la palabra con *h* intercalada que corresponda a cada definición.**

Aparato volador que se lanza al espacio. ▶ ____________________
Salsa que se hace batiendo aceite y huevos. ▶ ____________________
Meter un hilo por el ojo de una aguja. ▶ ____________________
Último piso de un edificio que tiene el techo inclinado. ▶ ____________________

7 **Completa las oraciones con palabras de la familia de *prohibir*.**

- El conductor se saltó la ____________________ sobre el límite de velocidad.
- En este parque está ____________________ pisar el césped.
- Se les ____________________ hacer fotos en la exposición.

8 **Copia una palabra que sea sinónima de cada una de las siguientes:**

ahínco | trashumante | alhaja | vahído

joya ▶ ____________________
empeño ▶ ____________________
desmayo ▶ ____________________
nómada ▶ ____________________

9 **Escribe oraciones con formas de estos verbos:**

ahuyentar | ahorrar | rehogar

____

____

____

1 **Copia las palabras de significado similar a *casa* que aparecen en el texto.**

La casa de las rejas

A las afueras del pueblo, los visitantes se encuentran con esta enorme construcción de finales del siglo XIX. Se trata de una residencia de piedra de dos pisos con unos amplios ventanales protegidos por unas artísticas rejas de hierro. Esta amplia vivienda fue el hogar de una noble familia cuyo escudo aparece en la fachada. Por la parte posterior se accedía a la zona destinada a los sirvientes encargados de las tareas del domicilio. Actualmente, la mansión ha sido cedida al Ayuntamiento, que se propone restaurarla en un futuro próximo.

2 **Copia sustituyendo las palabras que se repiten por otras de significado similar.**

Z-45, el robot casero

Este revolucionario robot realizará por usted las tareas de su casa. Z-45 está capacitado para desarrollar las labores más difíciles, sea como sea su casa.

¡Llámenos y realizaremos una demostración gratuita en su propia casa!

3 **Copia empleando en cada caso la palabra recuadrada para evitar la repetición.**

vehículo | animal

A Los ladrones abandonaron el automóvil robado en un descampado. La policía localizó el automóvil a las pocas horas.

B Un tigre sembró ayer el pánico entre los visitantes del zoo. El tigre salió de la jaula por un despiste de sus cuidadores.

A ______________________________

____

____

B ______________________________

____

____

4 **Copia el diálogo entre Raúl, Ana y Bea evitando repetir la palabra *decir*.**

Raúl les dijo a Ana y a Bea:

–No hay billetes para este tren.

____

____

____

____

13 Comprendo un texto informativo

Unas singulares estatuas

En una pequeña y apartada isla del océano Pacífico habitan unos gigantes de piedra únicos en el mundo. Se trata de cerca de mil estatuas de enormes dimensiones que fueron construidas por los antiguos pobladores de la isla de Pascua para honrar a sus antepasados.

Los *moais*, nombre que reciben las estatuas, pueden superar los 10 metros de altura y pesar más de 80 toneladas. Aunque la mayoría destaca por su rostro alargado, cada *moai* tiene rasgos físicos propios. Se cree que los habitantes quisieron inmortalizar a los fundadores de las tribus a las que pertenecían, ya que, según la leyenda, las estatuas poseían piedras de coral en los ojos, a través de los cuales cada fundador transmitía sus poderes a los descendientes de su tribu.

El misterio envuelve a estas esculturas, ya que no se sabe cómo se trasladaron desde el volcán donde se esculpían hasta los lugares donde ahora se encuentran. Los investigadores creen que los pobladores utilizaron diferentes artilugios para llevarlas a unos altares de piedra, destino final de las estatuas.

Tampoco se explica por qué hay algunas estatuas sin terminar en el lugar de fabricación, como si el culto a los *moais* se hubiese abandonado... Es posible que los conflictos entre las tribus provocaran el fin de la cultura en la que ellos surgieron. Lo cierto es que estos colosos permanecen allí, inmutables ante el asombro de los visitantes que acuden año tras año a la isla.

1 **Escribe oraciones con las siguientes palabras.**

Si es necesario, consulta un diccionario.

inmutable　　inmortalizar

2 Describe las estatuas.

3 Contesta sobre los *moais*.

- ¿Para qué se construyeron?
- ¿Por qué eran diferentes entre sí?
- ¿Qué creían los habitantes sobre ellos?

4 ¿Qué es lo que no se sabe acerca de estas estatuas?

5 ¿Por qué crees que los habitantes de la isla de Pascua realizaron estatuas tan grandes en honor a sus antepasados? Imagina y explica.

El adverbio

1 Rodea los adverbios de estas oraciones. Después, clasifícalos según la circunstancia que expresan.

- El polideportivo se encuentra cerca.
- Ángel vive debajo, en el primero.
- Me gustan mucho las acelgas.
- Pasamos una tarde bastante tranquila.
- Pronto nos darán las noticias.
- Mañana comeremos espaguetis.
- Sofía se fue deprisa al gimnasio.
- Él habla bien de ti todo el tiempo.

Lugar	Tiempo	Modo	Cantidad
______	______	______	______
______	______	______	______

2 Contesta con adverbios de afirmación, negación o duda.

¿Vienes conmigo? ▶ ____________

¿Me prestas tu libro? ▶ ____________

3 Copia las oraciones añadiendo adverbios.

- Ellos merendaron chocolate.

____

- Hoy ha llovido en la ciudad.

____

- Vosotros cantaréis en directo.

____

4 Completa las oraciones con adverbios.

Juan bebe ____________

Eva mastica ____________

Martín llegará ____________

5 **Completa las oraciones añadiendo la terminación *-mente* a estos adjetivos:**

normal | tranquilo | inútil | ágil

- Inés se sentó ____________________ a esperar el tren.
- ____________________ me acuesto a las diez.
- Mi perro saltó ____________________ la última valla de la carrera.
- El operario trató ____________________ de levantar el pesado mueble.

6 **Forma adverbios añadiendo la terminación *-mente* a estos adjetivos:**

lento ▶ ____________________	rápido ▶ ____________________
plácido ▶ ____________________	completo ▶ ____________________
hábil ▶ ____________________	común ▶ ____________________
suave ▶ ____________________	fácil ▶ ____________________

7 **Copia de cada par de oraciones la que contiene un adverbio y subráyalo.**

A
- Ese día me encontré a muchos amigos.
- Mi abuelo nos quiere mucho.

B
- Él ha sido poco amable conmigo.
- Había poca gente en el mercado.

A ____

B ____

8 **Copia las oraciones sustituyendo los adverbios por otros opuestos.**

Elsa comió mucho en la cena. ▶ ____________________

La biblioteca está cerca. ▶ ____________________

La bandeja la dejé dentro. ▶ ____________________

Mi primo habla deprisa. ▶ ____________________

9 **Escribe una oración que contenga dos adverbios.**

____

Signos que cierran enunciados

1 **Añade, al menos, dos oraciones a la siguiente y escribe un breve texto.**

Ayer fui al zoológico con mis primos. ______________________________

____

____

2 **Inventa una oración afirmativa o negativa relacionada con cada dibujo.**

____

____

3 **Copia estas oraciones escribiendo los puntos suspensivos donde corresponda.**

- Filomena esperaba que le regalaran un cachorro, pero cuando abrió el regalo.
- A Gustavo le encantan los animales salvajes como elefantes, tigres, gorilas.

____

____

____

____

4 **Escribe una pregunta para cada una de estas oraciones:**

- Mi perro es pequeño con manchas negras.

____

- La biblioteca cierra los sábados por la tarde.

____

- Solo hay dos entradas en primera fila.

____

5 **Inventa tres preguntas que le harías a este personaje:**

6 **Transforma estas oraciones en exclamaciones:**

Mañana es festivo. ▶ ______

Ya ha salido el sol. ▶ ______

7 **Copia las oraciones poniendo signos de interrogación o de exclamación.**

Te encuentras bien. ▶ ______

Qué rica está la tarta. ▶ ______

A qué hora nos vamos. ▶ ______

8 **Copia el texto escribiendo los signos de puntuación que faltan.**

Recuerda que debes escribir la mayúscula donde sea necesario.

Menuda sorpresa

La cueva estaba oscura qué habría dentro aquello era un misterio que tenía que resolver fui para allá con mi perro Ludo cuando entré no se veía nada, todo estaba en silencio de pronto, escuché un ruido y grité ahí estaba Ludo mirándome qué susto me había dado

➔ SABER HACER ESCRIBIR UNA RECLAMACIÓN

1 **Lee y contesta a las preguntas.**

Esteban Román Blanco, con domicilio en Saulés, calle de la Armadura, 5, formula la siguiente reclamación:

El juego que compré hace una semana a través de su página web no funciona. Al introducirlo en mi consola aparece un mensaje que dice que el disco está defectuoso.

Les adjunto el juego defectuoso con una copia del justificante del pago y les ruego que me envíen otro juego en correcto estado.
Espero sus noticias.

En Saulés, a 25 de marzo de 2015

Fdo.:
Esteban Román

- ¿Quién escribe el texto?

____

- ¿Qué hecho cuenta?

____

____

____

- ¿Qué pretende conseguir?

____

____

2 **Copia el texto que podría incluirse en la carta de reclamación anterior.**

Además, les comunico que el juego que compré el mes pasado es estupendo y ya he superado todos los niveles.

De no ser posible el envío del mismo juego, desearía que me devolvieran el importe de la compra.

____

____

____

3 **Observa y contesta.**

- ¿Qué sucede?
- ¿Qué perjuicio ocasiona a los espectadores?
- ¿Qué podrían reclamar?

4 **Imagina que tú te encuentras en la situación de la actividad anterior y escribe la reclamación que harías.**

14 Comprendo una biografía

Marco Polo

Marco Polo, el viajero más famoso de la Antigüedad, se cree que nació en Venecia en 1254. Su padre era un comerciante de la ciudad, foco de la actividad mercantil en el Mediterráneo. Poco antes de nacer su hijo, Nicolás Polo y su hermano habían realizado la Ruta de la Seda, el itinerario que los mercaderes seguían en busca de los productos asiáticos. En aquel viaje llegaron a China y conocieron al Gran Khan, el emperador de aquel vasto territorio.

En ausencia de su padre y huérfano de madre, Marco Polo creció al cuidado de una tía, lo que no impidió que recibiera una esmerada educación.

Cuando Nicolás Polo regresó, su hijo tenía 15 años y era un chico inteligente y formado en el espíritu comercial.

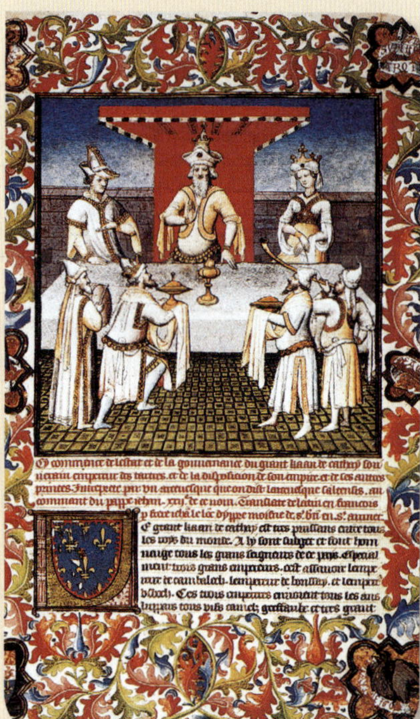

Gracias al éxito obtenido en la primera ocasión, los Polo emprendieron otro viaje a China en 1271, esta vez con el joven Marco Polo. Después de cuatro años, llegaron a los dominios del Gran Khan. Allí, Marco Polo se convirtió en su consejero y durante años recorrió el territorio chino como emisario imperial.

Marco Polo regresó a Venecia en 1295 con enormes riquezas. Tres años más tarde, en medio de las luchas entre las ciudades de Venecia y Génova, el rico comerciante fue encarcelado.

Durante su cautiverio, Marco Polo relató sus fascinantes viajes a su compañero de celda, que las recogió posteriormente en un libro conocido como *El libro de las Maravillas* o *Los viajes de Marco Polo*.

Marco Polo vivió dedicado al comercio hasta su muerte en 1324. Ni siquiera se conserva su tumba; de él solo queda el fascinante relato de sus viajes, que fue un gran éxito ya en su época, a pesar de las dudas sobre la veracidad de algunos episodios.

1 **Copia sustituyendo la palabra destacada por un sinónimo.**

Venecia era uno de los focos de la actividad **mercantil** en el Mediterráneo.

____

____

2 **Explica qué hecho importante de la biografía de Marco Polo sucedió en cada año.**

Ten en cuenta que una de las fechas no se cita en el texto.

1254 | 1271 | 1295 | 1298 | 1324

En 1254

3 **Contesta.**

- ¿Qué era la Ruta de la Seda?

- ¿Por qué crees que se llamaba así?

4 **¿Quién era este personaje? ¿Qué importancia tuvo en la vida de Marco Polo?**

5 **Imagina cómo era el carácter de Marco Polo y haz una breve descripción.**

Otras clases de palabras

1 **Clasifica los enlaces destacados que hay en el texto.**

Un excelente equipo

El tío Anselmo trabaja siempre **en** su despacho **sin** descanso. Pero nadie sabe exactamente qué hace porque no nos cuenta nada **ni** nos deja entrar allí.

Yo siempre le pedía que me dejara entrar, **pero** era inútil. **Hasta** que hace unos días, quizás **por** cansancio **o** soledad, me permitió ayudarle **con** la condición de que no hablara.

Como juntos hicimos muchas tareas, **desde** ese día soy su asistente **y** el único visitante **de** su laboratorio.

Preposiciones ▶ ______________________________

Conjunciones ▶ ______________________________

2 **Relaciona las palabras de cada columna con preposiciones y copia.**

una casa ■	■ tren	▶ ______________________
un café ■	■ madera	▶ ______________________
un viaje ■	■ leche	▶ ______________________

3 **Completa las oraciones con grupos nominales precedidos de preposiciones.**

- El motorista conducía por la carretera.
- Ayer fui al cine ______________________
- Al llegar dejé la maleta ______________________
- Marisa llegó a la estación ______________________

4 **Escribe las preposiciones en orden alfabético.**

____

____

5 **Copia las conjunciones.**

■ no	■ pero	■ u	■ y	■ nunca
■ o	■ e	■ junto	■ i	■ ni
■ hala	■ aunque	■ si	■ sino	■ un

____

6 **Completa las oraciones con conjunciones y escribe de qué clase son.**

- El guía nos enseñó la plaza, el mercado ______ el museo. ▶ ______
- ¿Te apetece zumo de naranja ______ de piña? ▶ ______
- No nos rendimos ______ al principio ______ al final. ▶ ______
- ¿Este asiento está libre ______ ocupado? ▶ ______

7 **Alarga las oraciones utilizando las conjunciones que se indican.**

ni ▶ No vamos a la playa ______

pero ▶ Me gustaría acompañarte ______

o ▶ Podemos coger el autobús ______

8 **Rodea las interjecciones que hay en estas oraciones:**

- ¡Uf, qué mal huele allí!
- ¡Oh, qué hermosa sorpresa!
- Bah, eso es muy fácil.
- ¡Ay, qué daño me hice!
- Ojalá vuelvas pronto.
- Hola, soy Víctor.

9 **Completa el texto con preposiciones y conjunciones.**

Un agradable paseo

Tomás observa ______ la ventana del salón unas nubes oscuras que hay ______ el cielo. Pronto lloverá, así que sale ______ la cabaña ______ se dirige al redil. Saca ______ las ovejas ______ emprende el camino que tantas veces ha recorrido junto a ellas.

De pronto, una intensa lluvia cae ______ ellos, ______ Tomás no se inquieta ______ huye de la lluvia, pues a él le encanta el olor que desprende la tierra húmeda.

10 **Escribe.**

- Una oración con dos preposiciones.
- Una oración con una interjección.

______

______

La coma y el punto y coma

1 **Escribe coma donde sea necesario.**

- Asunción ha vivido en la ciudad de Cáceres en las afueras de León en el Puerto de Santa María y en el centro histórico de Cuenca.
- En el menú tenemos espaguetis a la carbonara lentejas con patatas y garbanzos.
- Los sábados Raquel se levanta temprano: a las diez hace los deberes al mediodía pasea en bicicleta y después come con sus abuelos.

2 **Corrige y copia estas oraciones escribiendo las comas donde sea necesario.**

- Adiós María, que tengas un buen viaje.

____

- Al picnic hay que llevar bocadillos fruta, dos botellas de agua, y chocolate.

____

____

- David dale este libro a tu compañera Marta.

____

3 **Observa y escribe oraciones que tengan enumeraciones.**

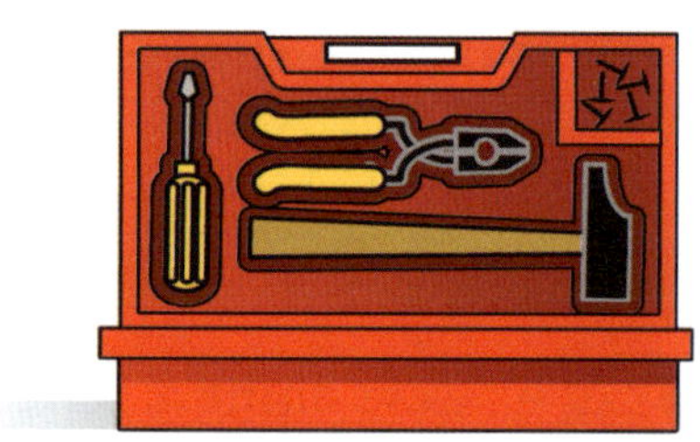

____

____

____

4 **Completa la oración con estos grupos de palabras, separándolos con punto y coma y escribiendo *y* donde corresponda.**

- a las diez, el museo.
- al mediodía, el teatro.
- por la tarde, la torre.

Hoy visitaré varios lugares: a las nueve, la plaza; ______________

____

____

5 **Alarga las oraciones incluyendo algo introducido por la palabra *pero*.**

- María dijo que se apuntaba a clases de baloncesto conmigo ______________________

____

- Íbamos a ir a primera hora de la tarde a tu casa como habíamos quedado ______________

____

- Mi prima Ana ha visto muchas veces esa película ______________________

____

6 **Alarga estas oraciones por delante utilizando el punto y coma.**

sin embargo, el doctor le ha dicho que se recuperará muy pronto.	aunque hubiera preferido ir al cine con mi hermano y con mis primos esa tarde.

____

____

____

____

7 **Escribe punto o punto y coma cuando sea necesario.**

Un grupo heterogéneo

Leticia, Borja, Lucas y yo nos conocimos en un taller de lectura Cada uno de nosotros tiene gustos literarios muy diferentes sin embargo, nos entendemos muy bien porque a los cuatro nos interesan todo tipo de libros A Leticia le encantan las revistas de historia a Borja, los libros de ciencia ficción a Lucas, las novelas de terror y a mí, los diarios de viajes Nuestras conversaciones son siempre divertidas

8 **Inventa una oración en la que utilices coma y punto y coma.**

____

____

ESCRIBIR UN CÓMIC

1 Lee y resume este cómic.

2 Inventa un final diferente para la historia anterior. Después, dibuja la viñeta.

3 **Elige una de estas ideas y elabora un cómic.**

Un científico inventa una máquina que hace invisibles a las personas.

Un turista encuentra por la calle una bolsa llena de monedas.

15 Comprendo un poema

El escondite inglés

Una, dos y tres,
escondite inglés,
a esa niña de rojo
ya no la ves.

Jugaba con naranjas,
les mordía el zumo,
arrancaba tomillo,
niña de humo.

Baja a la calle,
vuelve a subir,
las estrellas la miran,
no se quiere dormir.

Cuéntame un cuento,
cuéntame ciento,
dame la mano,
se la llevaba el viento
de aquel verano.

Una, dos y tres,
escondite inglés,
a esa niña de rojo
ya no la ves.

CARMEN MARTÍN GAITE

1 ¿De quién habla el poema?

____

2 Explica con tus palabras qué hace la niña del poema.

____

____

____

____

3 **Busca en el poema estos nombres:**

De una fruta ▶ ________________

De una planta ▶ ________________

De un astro ▶ ________________

De una estación del año ▶ ________________

De un fenómeno meteorológico ▶ ________________

De una parte del cuerpo ▶ ________________

4 **Copia un verso en el que haya una personificación.**

5 **Copia estos versos añadiendo una palabra que suene de forma parecida a la destacada.**

Jugaba con manzanas,
les mordía la **piel**,
arrancaba tomillo,
niña de ______

6 **Copia ordenando estos versos de forma que suenen bien.**

de mil colores
salta en el campo
Hace un gran ramo
recoge flores

7 **Explica cómo se juega al escondite inglés.**

8 **¿Conoces algún otro juego en el que se cante una canción? Escribe su nombre.**

La oración. El texto

1 **Copia la oración.**

2 **Clasifica las oraciones de este texto. Luego rodea los sujetos expresos.**

Un pequeño contratiempo

Con las prisas, me olvidé la comida. Mi amigo Andrés propuso una solución. Compartiríamos su comida. Su padre le había hecho muchos bocadillos. Andrés los compartió conmigo. No pasamos hambre en la excursión.

Oraciones con sujeto expreso

Oraciones con sujeto tácito

3 **Completa las oraciones añadiendo los sujetos.**

- ______________________ subieron al escenario entre los aplausos del público.
- En primavera ______________________ se llena de flores de todos los colores.
- ______________________ llegaron juntos a la meta de la carrera.

4 **Ordena las oraciones y copia el texto.**

El día del estreno

Esta tarde es el estreno de la obra de su grupo de teatro. ¡Ojalá salga todo bien! Toda su familia va a ir a verla. Su papel es el más largo y el más importante. Marina hoy se ha levantado muy nerviosa. Ella es la protagonista.

5 **Continúa y escribe un texto breve. Inventa también el título.**

Los jóvenes deben hacer mucho deporte porque

6 **Elige una de estas ideas y desarróllala en un breve texto.**

Una hormiga deja la fila y se pierde.

Un fantasma se propone hacer reír.

Otros signos de puntuación

1 **Subraya las oraciones que se deben escribir con raya y cópialas.**

Percance

Susana, Iván y Mario paseaban por el parque en bicicleta. De pronto, escucharon un ruido fuerte. Susana se detuvo bruscamente y dijo:

¡Se ha reventado la rueda de mi bicicleta!

Mario le respondió:

¿Te has hecho daño?

No, estoy bien –contestó Susana–. ¡Qué chasco!

Iván observó detenidamente la bicicleta de su amiga y señaló:

Solo es un pinchazo. Tendrá fácil solución.

2 **Escribe en forma de diálogo lo que ocurre en la escena utilizando la raya.**

3 **Escribe lo que diría cada uno utilizando comillas.**

- La periodista preguntó al entrevistado: ____
- El profesor les dijo a los alumnos: ____
- La guía recordó a los turistas: ____
- El conductor del tren comunicó a los viajeros: ____

4 **Copia escribiendo comillas donde corresponda.**

Un éxito abrumador

Ayer tuvo lugar el exitoso debut del joven artista Alejandro Sánchez. En solo un par de horas vendió todos sus cuadros. En la exposición el joven dijo: Gracias por vuestro apoyo. Y en la sala todos opinaban lo mismo: Ha nacido una estrella.

5 **Copia las oraciones introduciendo los siguientes datos entre paréntesis:**

Argentina | 1492 | Comité Olímpico Internacional

- Almudena García nació en una localidad próxima a Buenos Aires hace diez años.
- El descubrimiento de América marca el inicio de la Edad Moderna.
- Un miembro del COI entregó las medallas a los vencedores.

1 **Sustituye en cada caso el conector que aparece en estas oraciones por otro que signifique lo mismo y copia.**

así que | ya que | sin embargo | a pesar de que

- He llegado tarde, por eso he perdido el autobús.

- Ha llovido, pero no hace nada de frío.

- No he podido entrenar porque me lesioné.

- Iré a verla, aunque no me apetece.

2 **Completa el texto con los conectores adecuados y cópialo.**

porque | por eso | pero | aunque

Recién llegado

Ramón acaba de llegar a Ciudad Sol, ✦ todavía no conoce a mucha gente. Antes vivía en un pueblo, ✦ sus padres decidieron mudarse a la ciudad. ✦ echa de menos a sus amigos, Ramón está contento. Y quiere hablar con ellos ✦ tiene mucho que contarles.

3 **Describe este cuadro utilizando conectores espaciales para referirte al lugar en que se encuentran los distintos elementos.**

Puedes usar algunos de los siguientes conectores:

En primer término | A la izquierda | Detrás | Al lado | A la derecha | Al fondo

4 **Cuenta algo que hayas hecho últimamente (una excursión del colegio, un viaje con tus padres, una fiesta de cumpleaños...).**

Usa expresiones como las siguientes para ordenar la información:

Al principio | Luego | Al final | En ese momento | Un rato después | A continuación

Hacer un esquema

1 **Lee atentamente este texto. Después, contesta.**

¡Cuánta iluminación!

La luz es la protagonista de muchas fiestas en el mundo, sobre todo en algunos países de Oriente.

En la India se celebra el Festival de las Luces. Es un acontecimiento único en el que las casas se decoran con velas y lámparas de aceite. Además, las calles se llenan de miles de luces parpadeantes y de los sonidos de los fuegos artificiales.

En China todos los años se celebra la Fiesta de las Antorchas. En esta fiesta, durante tres noches seguidas, niños y mayores recorren las calles con antorchas encendidas. En todos los pueblos y ciudades se canta y se baila hasta el amanecer acompañando a las antorchas.

Y en otros lugares, como Taiwán, se celebra el Festival de los Farolillos. Para este acontecimiento, todo el mundo prepara linternas y faroles de formas y colores diversos… Además se realizan danzas, actuaciones acrobáticas, procesiones, etc.

- ¿De qué trata el texto?

____

____

- ¿En qué párrafo se presenta esta idea?

____

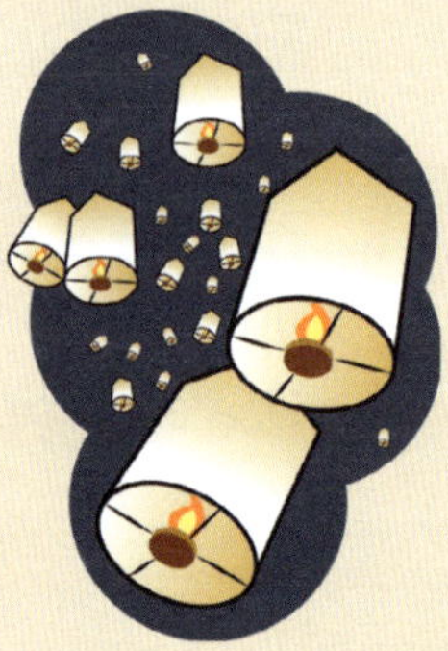

2 **Escribe de qué tratan los otros párrafos.**

Párrafo 2 ______________________________

Párrafo 3 ______________________________

Párrafo 4 ______________________________

3 **¿Cómo se decoran las casas y las calles en el festival de la India?**

____

____

4 Explica qué pasa durante la Fiesta de las Antorchas.

____

____

5 ¿Cómo se celebra el Festival de los Farolillos?

____

____

6 Rodea el esquema que recoge mejor el contenido del texto que has leído.

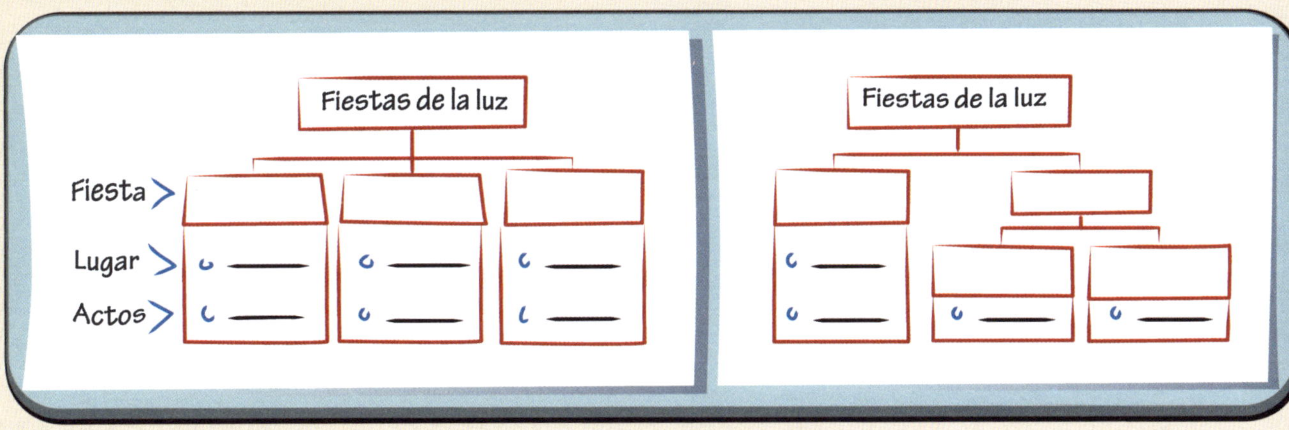

7 Dibuja el esquema y complétalo con la información del texto.

Repaso trimestral

1 **Busca en el texto y copia las formas verbales que se indican.**

Un viaje perfecto

Ayer llegó mi amigo Héctor de sus vacaciones. Y ha vuelto encantado con el viaje que realizó a Portugal con su familia. Nos enseñó varias fotos y un mapa en el que había dibujado el recorrido que siguieron por el país, así podría recordar después todos los detalles del viaje.

Dice que si hubiera sido por él, se habría quedado más tiempo disfrutando de aquellos magníficos lugares.

Una forma de la 3.ª conjugación ▶ ____________________

Una forma compuesta de subjuntivo ▶ ____________________

Tres formas del pretérito perfecto simple ▶ ____________________

Dos formas de verbos regulares ▶ ____________________

2 **Escribe los nombres de estos tiempos:**

Tiempos simples de indicativo ▶ ____________________

____

Tiempos simples de subjuntivo ▶ ____________________

____

3 **Escribe qué clase de palabra es cada una de las destacadas.**

Vivo **aquí desde** pequeño **y** me encanta.

Cada vez me gusta **más** este pueblo.

____________________ ____________________

____________________ ____________________

4 **Forma el singular de estas palabras:**

veces ▶ ____________________ actividades ▶ ____________________

codornices ▶ ____________________ dieces ▶ ____________________

5 **Escribe las oraciones que se indican poniendo los signos de puntuación adecuados.**

Una oración interrogativa ▶ ______________________________

Una oración exclamativa ▶ ______________________________

Una oración incompleta ▶ ______________________________

6 **Completa las oraciones con los conectores adecuados y escribe punto y coma donde sea necesario.**

- Ayer Sara cogió frío al salir de casa sin jersey ______________ no podrá ir al concierto de esta noche en el polideportivo de su barrio.
- Él ya es un artista consolidado ______________ por falta de tiempo no ha finalizado sus estudios en la escuela.

7 **Cuenta una breve conversación entre dos amigos utilizando comillas.**

____

____

____

____

____

____

____

8 **Observa la escena y escribe una reclamación solicitando que te devuelvan el importe de la entrada.**

____

____

____

____

____

____

____

Dirección de arte: José Crespo González.

Proyecto gráfico: Estudio Pep Carrió.
Fotografía de cubierta: Leila Méndez.

Jefa de proyecto: Rosa Marín González.
Coordinación de ilustración: Carlos Aguilera Sevillano.
Jefe de desarrollo de proyecto: Javier Tejeda de la Calle.
Desarrollo gráfico: Raúl de Andrés González, Rosa Barriga Gaitán, Olga de Dios Ruiz, Jorge Gómez Tobar y Julia Ortega Peralejo.

Dirección técnica: Ángel García Encinar.

Coordinación técnica: Julio del Prado Martínez.
Confección y montaje: Victoria Lucas Díaz y Alejandro Martínez Santos.
Corrección: Juan Miguel de Pablos y Nuria del Peso Ruiz.
Documentación y selección fotográfica: Mercedes Barcenilla Rodríguez.

Fotografía: J. V. Resino; Michele di Piccione; A. G. E. FOTOSTOCK/ARCO/Protze, O.; CORDON PRESS/Corbis/Atlantide Phototravel; GETTY IMAGES SALES SPAIN/Thinkstock; ISTOCKPHOTO/Getty Images Sales Spain/Hulton Archive; BNF; ARCHIVO SANTILLANA.

© 2014 by Santillana Educación, S. L.
Avda. de los Artesanos, 6
28760 Tres Cantos, Madrid
Printed in Spain

ISBN: 978-84-680-1457-9
CP: 454439
Depósito legal: M-30298-2013

Cualquier forma de reproducción, distribución, comunicación pública o transformación de esta obra solo puede ser realizada con la autorización de sus titulares, salvo excepción prevista por la ley. Diríjase a CEDRO (Centro Español de Derechos Reprográficos, www.cedro.org) si necesita fotocopiar o escanear algún fragmento de esta obra.